DES

DROITS DE L'HOMME

ET

DE LA PEINE DE MORT.

PARIS. — IMPRIMERIE ET FONDERIE DE RIGNOUX,

RUE DES FRANCS-BOURGEOIS-S.-MICHEL, N° 8.

DES

DROITS DE L'HOMME

ET

DE LA PEINE DE MORT;

PAR M. ROUCHIER,

AVOCAT PRÈS LA COUR ROYALE.

———— ◆ ————

PARIS,

CHEZ L'AUTEUR, PLACE DES VICTOIRES, N° 12;

ET RIGNOUX, IMPRIMEUR-LIBRAIRE,
RUE DES FRANCS-BOURGEOIS-S.-MICHEL, N° 8.

——

1830.

J'ai lu dans les journaux qu'on avait pro-
posé à la Chambre des Députés de supprimer
la peine de mort ; que cette proposition avait
été prise en considération, et qu'elle allait
être bientôt le sujet d'une discussion appro-
fondie.

Voilà ce qui m'a engagé à mettre au jour
mes idées sur cette difficulté si épineuse.

Je ne fais point de citations, je n'invoque
ni ne combats l'opinion de personne. Je n'ai
eu sous les yeux d'autre livre que celui de
la nature ; c'est ma pensée toute seule que
j'offre à mes concitoyens , dans l'unique but
de leur être utile en quelque chose : je n'ai
pas d'autre ambition.

DES

DROITS DE L'HOMME

ET

DE LA PEINE DE MORT.

I.

Destination de l'Homme.

La vie que l'homme a reçue de la nature suivrait son cours ordinaire; elle serait inviolable; et il n'aurait à redouter que les accidens inséparables de l'espèce humaine, s'il vivait seul et isolé sur la terre.

Mais l'homme n'est pas fait pour vivre dans l'isolement : son premier mouvement, aussitôt qu'il se redresse et qu'il commence à se connaître, est de tendre la main à ses semblables pour agir de concert avec eux, et concourir aux mêmes fins. Sans cela il lui serait impossible de se garantir des dangers de toute espèce qui l'environnent, et qui viendraient l'assaillir à chaque instant. Ainsi la société est de l'essence même de l'homme, puisqu'elle tend essentiellement à sa conservation

Quelle est donc la destination de l'homme sur
la terre ? Chef-d'œuvre de la nature, doué d'une
organisation bien supérieure à tout ce qui respire, il est placé sur la terre, comme dans son
domaine, pour y commander, y débrouiller et y
faire fructifier la nature ; pour y faire régner
l'ordre et l'harmonie. Voilà sa véritable destination dans le monde ; mais comment pourrait-il
la remplir, cette destination, s'il vivait éloigné de
son semblable ? L'union ou la société des hommes
tient donc essentiellement à leur destination d'origine, qui, sans cela, ne pourrait être accomplie.

Que deviendrait donc la nature, éparse et
confuse, livrée à elle-même, sans le secours des
hommes réunis pour la seconder et lui donner la
direction qui lui convient ? Les plantes les plus
fortes, étouffant les plus faibles, s'élèveraient
seules sur la surface de la terre ; les bêtes féroces,
douées d'une force supérieure, et armées par la
nature, porteraient partout le ravage et la déso-
lation ; l'homme lui-même, isolé et sans secours,
deviendrait bientôt leur proie. Ainsi la terre, qui,
façonnée par l'homme, offre un tableau si riant,
ne présenterait plus qu'un désert affreux dont
l'aspect ferait horreur ; ainsi la nature serait re-
plongée dans le chaos.

La société prend donc sa source dans la nature
et la destination même de l'homme.

Si donc l'homme est destiné, dès son origine,
à vivre en société avec ses semblables, il est impossible de lui refuser les moyens d'écarter tous
les obstacles qui viendroient troubler et déranger
cette union, fondée sur la nature elle-même, et
qui quelquefois même en entraînerait infailliblement la ruine totale; il a donc le pouvoir et le
droit, ou plutôt la société, de retrancher pour
toujours de son sein, et de priver de l'existence
celui qui violerait ouvertement le pacte social,
en l'attaquant jusque dans ses bases, ou qui ou-
tragerait les lois de la nature, sur lesquelles il est
évidemment fondé.

Mais, pour mettre ce système, fondé sur l'origine primitive des choses, dans un plus grand
jour, et le faire encore mieux sentir, voyons
quels sont les droits de l'homme dans l'état de
simple nature; voyons quels sont ses droits dans
l'état de société; voyons quels sont les droits de la
société sur l'homme; puis nous verrons s'il est
possible de remplacer par une autre peine cette
peine affreuse; et enfin quels sont les moyens les
plus efficaces pour la prévenir.

II.

Droit de l'homme dans l'état de nature.

L'homme, dans son état primitif, jouit de la liberté la plus étendue; elle est, pour ainsi dire, sans borne, il peut agir comme bon lui semble, au gré de sa seule volonté, que rien ne gêne ni ne contraint. S'il pouvait conquérir la terre tout entière, elle deviendrait sa propriété jusqu'à ce qu'un autre plus fort, ou plus hardi que lui, vînt l'en déposséder. Son attitude haute et fière lui donne partout l'empire et le commandement ; il ne connaît de puissance que la force qui lui résiste ou l'obstacle qu'il ne peut surmonter.

Dans cet état d'indépendance et de liberté si étendue, il est dans l'impossibilité de commettre aucun crime punissable par les lois des hommes, dont il est affranchi; il ne s'arrête que lorsque ses besoins ou ses désirs sont satisfaits.

Quels crimes pourrait-il donc commettre? l'assassinat? mais rien de ce que peut posséder son semblable ne saurait exciter son ambition ou sa cupidité; il songe plutôt à tourner ses armes contre les animaux qui lui servent de nourriture, et une fois que sa faim est apaisée, il reste en repos jusqu'à ce que de nouveaux besoins se fassent sentir. L'incendie? mais il n'existe ni récoltes ni habitations, peut-être même ignore-t-il quelquefois l'usage de cet élément, tout à la fois si utile et si terrible. Les crimes contre l'état et la sûreté publique? mais il ne dépend d'aucune espèce de société, il est donc dans l'impossibilité d'en froisser les droits, et, par conséquent, d'être puni par les lois qui les régissent. S'il est attaqué, il use du droit que la nature accorde à tous les hommes, qui est de repousser la force par la force; s'il est l'agresseur et qu'on se défende contre lui, c'est une véritable déclaration de guerre dans laquelle les chances sont presque toujours égales; parce que dans cet état de nature la manière d'être et l'exercice du corps étant les mêmes, les forces varient peu entre les hommes qui s'y livrent habituellement et de la même manière.

Cependant il est une voix intérieure qui doit se faire entendre, même à l'homme brut, pour lui annoncer qu'il ne lui est pas permis de détruire sans nécessité et sans raison. Il doit sentir également qu'il ne doit point faire aux autres ce qui l'affligerait sensiblement, si on le lui faisait à lui-même; ainsi le produit de sa chasse lui appartient, comme le produit de la chasse d'un autre individu appartient à cet individu. Il concevra de même qu'il ne doit point tourner ses armes contre son semblable, qui ne l'attaque point, et qui ne demande qu'à vivre en paix avec lui ; ainsi il ne lèvera point une main coupable contre l'auteur de ses jours; il aura, au contraire, pour lui la plus grande vénération et le respect le plus profond. Ce sont des sentimens que la nature a gravés dans le cœur de tous les hommes, et qui n'ont pas besoin d'être écrits pour être parfaitement sentis.

Mais l'homme ne mène pas long-temps cette vie errante et vagabonde; aussitôt qu'il a acquis toutes ses forces, il songe à chercher une compagne pour le suivre et l'aider dans ses courses et adoucir ses fatigues.

Ainsi se forment les premières familles, qui ne tardent pas à rencontrer d'autres familles qui vivent de la même manière, et à se réunir à elles pour mettre en commun toutes leurs ressources et repousser ensemble le danger ou le péril qui les menacerait.

Les lois sont peu nombreuses dans la naissance des peuples : c'est ordinairement le plus fort, le plus courageux et le plus habile qui se met à la tête de la petite troupe, et qui commande.

Les ordres du chef sont de véritables lois qu'il est presque toujours dangereux d'enfreindre : ainsi dans ces temps primitifs tout se borne, pour ainsi dire, à la conquête et au partage du butin.

Si donc le chef de la petite république ordonne une course ou une attaque, ou s'il décide qu'on prendra la direction qu'il indique, malheur à l'imprudent qui voudrait s'y opposer ! sa résistance est punie sur-le-champ, le châtiment est aussi prompt que l'offense ; et réunissant quelquefois les plus expérimentés de la troupe, qui donnent leur avis dans les cas qui offrent plus de gravité, le conseil n'hésite point à retrancher le coupable de la petite société, et même à lui infliger la peine capitale, lorsque son crime attaque le corps entier, ou qu'il a causé la perte de quelqu'un de ses membres.

Voilà l'origine des premières sociétés, qui ont commencé par la réunion de quelques familles éparses et errantes sur la terre ; mais qui, par la suite des temps, se sont accrues insensiblement, et sont devenues de grandes nations cultivant les sciences et les arts, telles que nous les voyons établies aujourd'hui dans le monde.

C'est dans ces grandes sociétés que nous allons placer l'homme, pour connaître quels sont ses droits.

III.

Droits de l'homme dans l'état de société.

Sans doute la situation de l'homme en société est bien différente de celle de l'homme dans l'état de simple nature.

L'homme, qui, dans l'origine, semble posséder toute la terre, n'a pourtant, dans la réalité, rien d'assuré dans le monde. Obligé de changer de place à chaque instant, pour fournir, par des courses longues et pénibles, à son existence, il n'a, pour ainsi dire, ni feu ni lieu ; ainsi sa vie s'écoule dans l'agitation et les fatigues, au milieu des forêts et des contrées sauvages, sans pouvoir jamais parcourir jusqu'au bout leur vaste étendue. Il arrive enfin au terme de sa carrière, entouré d'écueils et d'accidens de toute espèce, qui ont sans cesse troublé son repos et agité sa vie, le front empreint de cette rudesse que lui a communiquée l'âpreté de la nature naissante, et meurt sans avoir ressenti aucune des sensations délicieuses qu'elle fait éprouver à ceux qui la secondent dans ses merveilles et dans ses progrès.

Ah! que la position de l'homme en société est préférable !

Il a un pays et une patrie qui veillent sans cesse

sur lui comme un père veille sur ses enfans, pour
le préserver et le garantir des dangers qui pourraient troubler son bonheur et sa sécurité.

Ses avantages et ses droits sont immenses.

D'abord il a le droit d'user, comme tout le
monde, des choses mises à la masse, et qui composent le domaine public, soit pour ses besoins,
soit même pour son agrément, suivant la destination de ces objets.

Mais, ce qu'il y a encore de plus précieux pour
lui, c'est que toute sa fortune, et sa personne
elle-même sont sous la surveillance continuelle
de la société, qui, comme une sentinelle vigi-
lante, a constamment les yeux ouverts sur chacun des membres qui la composent pour les pro-
téger.

Ainsi, exempt de soins et d'inquiétudes sur
sa tranquillité personnelle, il peut se livrer sans
crainte aux opérations et aux travaux où son goût
le porte plus naturellement.

Ainsi le modeste cultivateur parcourt paisiblement ses champs, il voit croître avec une douce
sérénité toutes les productions de la terre, qui
viennent accroître son aisance et augmenter son
bien-être.

Le berger, libre et indépendant, laisse errer
partout ses troupeaux, sans inquiétude et sans

crainte. Assis sur le sommet du rocher le plus
élevé, entouré de ses chèvres, qui piétonnent en
tous sens, il plonge avec calme ses regards paisibles dans la profondeur du vallon qui est sous
ses pieds, et le fait résonner par intervalle de sa
voix champêtre, qui égaie et fait bondir son trou-
peau, et qui semble communiquer à la nature
paisible une douce émotion.

Voyez le poète au milieu des prairies; il est
entouré de fleurs; elles semblent naître sous
ses pas. La nature paraît sourire à la vue du
chantre de ses merveilles. Sous l'égide de la
société qui le protége et le rassure, il se laisse
aller librement au penchant de son génie; il
chante avec enthousiasme; son imagination s'en-
flamme à la vue des objets séduisans qui viennent la frapper; sa lyre et ses vers impriment
à toute la nature un mouvement enchanteur.

Entrons dans les villes : quelle urbanité! quelle
délicatesse dans les manières et le langage! que
d'inventions par les arts pour l'utilité et l'agrément
de la vie! quel ordre merveilleux pour la sûreté
des personnes et le respect des propriétés! chaque ville est comme une grande famille; tous les
membres qui la composent, animés du même
zèle pour y entretenir l'ordre et l'harmonie, sont
toujours disposés à venir au secours de leurs sem-

blables pour les soutenir et les garantir du danger
dont ils seraient menacés.

Mais faut-il compter pour rien l'instruction et
l'éducation, si précieuses, que l'homme ne peut
recevoir que dans l'état de société. Cette commu-
nication et cet échange habituel de connaissances
de toute espèce, qui fortifient si rapidement son
intelligence et sa raison.

La culture des sciences et des arts donne à
l'homme un nouvel être qui le façonne et fortifie
sa raison. Quel immense trésor il retrouve dans
le travail et les méditations de ceux qui s'en sont
occupés avec succès! il peut s'approprier toutes
ces choses; une fois qu'elles sont dans la société,
elles sont à lui comme à tout le monde.

Que de ressources il peut puiser dans les re-
cherches et les découvertes de ceux qui l'ont pré-
cédé! Il n'est pas donné à l'homme de venir à
bout et de mettre à fin certains projets dans la
durée d'une seule génération, lors même qu'elle
y mettrait toute son application. Ces choses éton-
nantès, comme certaines productions rares, mais
durables, de la nature, ne reçoivent leur perfection que par la succesion des siècles et la persé-
vérance des générations, qui se succèdent, pour
y travailler. Ainsi l'homme en société a l'avantage
de profiter et de jouir en un instant de toutes
ces richesses, qui ont coûté tant de peine, et

qui ont occupé tant de monde pendant tant de siècles.

La société, qui protége l'homme et sa fortune, se charge aussi de poursuivre et de punir l'outrage qu'il éprouverait. Ses armées veillent au dehors pour la sûreté des frontières, et une police active veille dans l'intérieur pour la sûreté de l'homme. Elle a établi la justice pour poursuivre et punir les outrages qui lui seraient faits. Ainsi l'homme ne peut avoir, comme dans l'état de simple nature, aucun prétexte pour se venger de l'injure personnelle qu'il reçoit, puisque la justice prend sa défense et se charge d'obtenir pour lui la réparation du tort qu'il peut éprouver.

Cette mesure est même indispensable dans l'intérêt de l'ordre public, qui serait sans cesse troublé, s'il était permis à chacun de se faire justice et de poursuivre directement la réparation de l'offense qui lui serait faite. En effet cela entraînerait les plus grands désordres; l'on ne verrait de tous côtés que troubles et divisions; tandis que la justice, avec la force et le calme qui l'accompagnent toujours, redresse partout les torts et rend à chacun ce qui lui appartient, sans secousses, et, pour ainsi dire, sans qu'on s'aperçoive de son mouvement.

Sans doute, si l'homme était attaqué, il lui serait permis de se défendre et de repousser la force par la force, c'est un droit qu'il trouve dans la nature elle-même, et qui lui est commun avec tout ce qui respire sur la terre : le moindre vermisseau se retourne et se redresse aussitôt qu'il se sent froissé.

Mais, si ces avantages sont précieux pour l'homme, et lui font éprouver de si agréables sensations dans l'état de société où il est appelé à vivre, ils nécessitent de sa part des concessions qu'il est obligé de faire à la société qui les lui procure.

Mais quelles sont ces concessions? c'est ce que nous allons voir en parlant des droits de la société sur l'homme.

IV.

Droits de la société sur l'homme.

La société se compose de la réunion de tous les individus qui en font partie. C'est une organisation dont toutes les parties sont coordonnées et en harmonie pour concourir au même but, qui est le plus grand avantage de tous et de chacun en particulier; en un mot, c'est un corps qui se meut par la volonté générale de tous les membres qui la forment et à laquelle chacun d'eux doit obéir.

2.

Cette volonté est la loi à laquelle tout le monde est soumis et doit se conformer comme à sa volonté particulière, jusqu'à ce qu'une autre loi vienne manifester une volonté contraire.

Ainsi, par ce moyen, tous les individus qui se trouvent réunis dans la grande corporation, ne forment qu'un seul être, qu'un seul et même individu, qui agit dans le même sens, d'une manière fixe, uniforme et invariable.

Une organisation de cette nature doit donc nécessairement agir avec plus de force, et par conséquent avec plus de succès, que ne le ferait chacun des individus qui en fait partie, s'il opérait séparément. Chaque individu trouve donc évidemment dans son sein plus de sûreté, et une garantie plus forte, que s'il vivait seul et livré à lui-même.

Ainsi ce grand corps reçoit le mouvement de chacun des membres qui le composent, et de la réunion de tous ces membres, qui agissent ensemble et de concert pour lui donner l'impulsion dans l'intérêt de tous, et qui se répercute sur chacun d'eux en particulier.

Son action est d'autant plus forte que la société est plus nombreuse, plus compacte, et que toutes ses parties sont plus en rapport et en proportion pour agir sans se nuire ni s'embarrasser.

Ainsi, chaque individu est, à l'égard de la

masse et de l'organisation totale, qui forme la société, ce qu'est, à l'égard d'un corps organisé quelconque, l'une de ses parties qui aide à le composer.

Or, pour être en équilibre et dans une proportion exacte, le corps social doit rendre à chacun de ceux qui le composent à proportion de ce qu'il en reçoit; et, par la même raison, chacun des individus doit y rapporter à proportion des avantages qu'il en retire.

Or, suivant ce principe, celui qui jouit de plus d'aisance doit plus rapporter que celui qui en a moins, parce qu'en la lui conservant, la société lui procure un plus grand bien-être; ainsi la terre distribue aux plantes ses sels à proportion de leurs produits et de ce qu'elles lui rendent.

La société a donc le droit, pour s'alimenter, d'exiger de tous les membres qui la composent, à proportion des facultés de chacun d'eux.

Voilà donc un principe incontestable fondé sur la justice et l'équité, et qui est une des bases de la société.

Un autre principe, que l'on ne peut non plus contredire, c'est que la société a incontestablement le droit d'user de tous les moyens nécessaires à son maintien et à sa conservation, autrement son but serait manqué, et elle ne serait plus qu'un être chimérique.

Or, s'il est démontré que tout le mécanisme de la société se compose de l'ensemble de tous les individus qui en font partie, et qui sont comme autant de rouages qui lui impriment le mouvement, lorsque l'un de ces rouages vient à se déranger ou à changer de direction, et qu'il menace de désorganiser toute la machine, la société a incontestablement le droit de le supprimer, et même de le briser, si son contact devient nuisible et qu'on ne puisse l'enlever autrement sans danger.

Or, plus ces rouages sont compliqués, plus leur désorganisation deviendrait funeste au corps entier qu'ils font jouer, et par conséquent plus la loi qui les gouverne doit être sévère.

Or, il est prouvé par l'expérience de tous les temps et de tous les peuples, que les lois et leur sévérité se multiplient en raison du progrès des nations.

Ainsi, à mesure que le désordre offre plus d'appas par l'opulence, la société doit redoubler de sévérité pour l'arrêter. C'est alors que la civilisation semble avoir acquis le plus haut degré de perfection, que les lois doivent être plus rigides, parce que les passions sont plus ardentes et plus alimentées par la concurrence et le contact.

Mais, pour en venir à la difficulté réelle, la société a-t-elle le droit de disposer de la vie des individus qui en font partie, et d'établir pour certains cas la peine de mort?

Ces individus ont-ils eux-mêmes le pouvoir de se soumettre à cette peine terrible?

Pour prononcer sainement sur ces deux questions, il ne faut jamais perdre de vue ce qu'on vient de dire sur la nature et l'organisation de la société.

Un premier principe, que nous avons développé en commençant, c'est que la société est de l'essence de l'homme, et que de son organisation dépend son bonheur et sa sûreté ; sans elle il lui serait impossible de se conserver long-temps sur la terre.

Un second principe, qui découle naturellement du premier, c'est que la société, qui est fondée dans la nature et la destination de l'homme, a évidemment le droit de s'organiser.

Un troisième principe, qui n'est que la suite de la conséquence du deuxième, c'est que la société qui a le droit de s'organiser, a évidemment aussi le droit d'employer tous les moyens nécessaires à son établissement et à sa durée. Or, elle a donc le droit de retrancher de son sein l'individu qui menacerait son existence ou gênerait sa marche, comme chaque individu a le droit d'amputer un de ses membres corrompu pour sauver et conserver le reste de son corps.

Un quatrième principe, c'est que la société, à laquelle chaque individu se donne et se soumet, a seul le droit de rendre justice, et à chacun ce qui lui appartient. Or, il suit de là qu'elle a incontestablement le droit de venger un de ses membres du tort qu'il éprouve, sans cela elle ne pourrait subsister long-temps; elle porterait dans son sein des germes de querelles et de troubles qui entraîneraient bientôt sa ruine.

Mais ce droit qu'a la société de priver de la vie l'un de ses membres qui pèserait sur elle et lui deviendrait nuisible, est-il exorbitant de son pouvoir et de ses droits?. Évidemment non, si l'on fait attention que celui qui s'est attiré cette peine aurait trouvé le trépas dans mille occasions, et particulièrement dans celles déterminées pour sa condamnation.

En effet, cette peine suppose presque toujours des crimes contre les personnes; mais alors la personne menacée, outragée, ne manquerait presque jamais d'en tirer vengeance; et si elle avait eu le malheur de succomber, ses proches, ses amis ne manqueraient pas non plus de le venger. Eh bien, la société qui la protége et qui la prend sous sa protection, se met à la place de l'offensé ou de ses proches s'il n'existe plus, pour infliger la peine suivant la nature et l'énormité du crime, autrement la société serait sans cesse agitée par des

vengeances particulières qui finiraient tôt ou tard
par la détruire.

D'un autre côté, peut-on dire que la société
ôte plus qu'elle ne donne en privant de la vie
quelqu'un de ses membres? Évidemment non, et
pourquoi? parce que premièrement chaque individu était destiné à la perdre sans l'égide salutaire
de la société qui le met à couvert du danger.
Aurait-il pu résister seul, sans secours et sans
appui, aux intempéries des saisons et aux accidens de toute espèce qu'il aurait rencontrés
à chaque pas? Or, son existence tout entière appartient donc à la société qui la lui conserve, et
qui par conséquent peut en disposer dans le cas
où elle a prévu que l'intérêt du corps entier l'exi-
gerait.

Secondement, l'on peut dire que l'individu qui
s'y expose porte en lui-même le germe de sa des-
truction, et qu'il est lui-même la première cause
de son malheur; car il est bien évident que son
crime provoquerait contre lui, tôt ou tard, les
moyens de le faire périr.

Troisièmement, dans tous les cas de la peine
capitale, la privation de la vie est presque, toujours hors de proportion avec les résultats funestes
du crime; c'est pour cela qu'autrefois on avait
cru devoir multiplier les tourmens du supplice
à proportion de l'atrocité des crimes. Ainsi un

homme peut causer la perte d'un grand nombre d'autres, dont le moindre était plus utile que lui dans la société; il peut même s'en trouver parmi eux dont le génie était le plus ferme soutien de la patrie. Comment pouvoir mettre en balance la vie d'un seul homme avec celle de tant d'autres dont il peut causer la perte, et quelquefois même celle de l'état tout entier? Ainsi cette peine ne peut, dans certains cas, excéder le pouvoir et le droit de la société.

Quatrièmement, chaque individu est parfaitement libre d'accepter le pacte social ou d'y renoncer; il n'a qu'à ne pas entrer dans la société ou à en sortir, s'il trouve que les lois soient trop sévères; il jouit, à cet égard, de la liberté la plus entière; jamais il ne peut se plaindre d'avoir été trompé, puisque les lois de chaque pays sont publiques, et que ce n'est qu'au temps où sa raison l'a mis à même de les apprécier qu'il a pu être frappé par ces lois.

Mais l'homme, arrivé à l'époque de la raison, a-t-il le pouvoir de se soumettre à une loi aussi dure? Évidemment, oui. Et pourquoi? premièrement parce que cette loi, loin de compromettre son existence, la consolide au contraire davantage par la crainte et le respect qu'elle inspire au autres pour sa personne.

Secondement. L'on ne peut pas dire non plus

que cette loi engage véritablement sa vie; elle l'engage plutôt à bien vivre, pour éviter cette peine; elle n'est donc mise en perspective devant ses yeux que pour l'avertir du danger, et sous ce rapport, il est vrai de dire qu'elle tend plutôt à le conserver qu'à le détruire.

Troisièmement. Il résulte de là qu'elle ne peut compromettre son existence que par son propre fait, et que dès-lors, il ne peut accuser que lui seul de se l'être attirée; ainsi, il n'est pas vrai de dire qu'il fait un trafic de sa vie, puisque, au contraire, les engagemens qu'il contracte tendent à le mettre à l'abri des accidens de toute espèce, auxquels, sans cela, il serait continuellement exposé.

Ainsi, la société en établissant la peine de mort n'excède pas son droit, ni son pouvoir, non plus que l'homme qui s'y soumet.

Mais la société peut-elle se dispenser absolument, et dans tous les cas, d'établir cette peine cruelle? a-t-elle des moyens aussi efficaces que cette peine pour punir et arrêter les grands crimes?

Nous, par exemple, dans l'état actuel des choses, pouvons-nous la supprimer sans danger, et en trouver une autre capable de la remplacer, dans le petit nombre de cas où elle est applicable? évidemment non ; sa suppression en France entraînerait infailliblement la ruine de l'état, comme nous allons le démontrer tout à l'heure.

V.

Toute autre peine serait insuffisante parmi nous.

Les crimes sont des accidens de la nature; ils prennent leur source dans l'imperfection de l'espèce humaine.

L'homme, entraîné par ses passions, se livre quelquefois à des excès qui font horreur; sa raison seule serait impuissante pour l'arrêter, sans l'effroi que lui inspire le châtiment.

Il serait impossible d'assigner aux crimes toutes les causes qui les produisent; elles sont innombrables, et aussi multipliées que la malice et la perversité des méchans ont de nuances et de variations.

Le cœur humain est un abîme où l'on se perd quand on veut l'approfondir.

La nature, qui semble s'ingénier à perfectionner les êtres bienfaisans, enfante aussi quelquefois, dans sa colère, des monstres, qui n'apparaissent dans le monde que pour le désoler par les crimes les plus hideux.

Voyez l'assassin au bord de son antre, la pâleur sur le front, le regard creux et étincelant, un poignard dans la main ; ses cheveux se dressent à l'approche de sa victime, tout son corps frémit ; il sue le crime et la mort ; il la saisit... sourd à ses plaintes , il redouble ses cruautés ; elle tombe... et les yeux fixés sur elle, il entend , sans émotion, son dernier soupir.

Voyez l'incendiaire, il médite le crime de sang-froid, il tient dans sa main la torche fatale... toute une population sans défiance est plongée dans le sommeil le plus profond; il s'approche en silence au milieu de la nuit la plus sombre ; le feu gagne de proche en proche avec la rapidité de l'éclair ; toute la cité n'est plus qu'un vaste embrasement, et le soleil, en se levant, éclaire un monceau de cendres.

Quelle peine appliquera-t-on à ces crimes et à tant d'autres qui font frémir, et qu'il est impossible d'énumérer?

Sera-ce la détention ou les travaux forcés même à perpétuité ?

Mais pourrait-on se flatter de retenir long-temps des monstres de cette nature?

L'expérience ne prouve-t-elle pas chaque jour que les fers les plus pesans ne peuvent résister long-temps aux efforts constans qu'ils font pour les briser?

Il est des criminels si invétérés, qu'ils semblent avoir porté, en venant au monde, le germe du

crime, qui ne fait que se développer de jour en
jour avec des progrès effrayans. Loin de se cor-
riger dans leur cachot, ils ne font que méditer de
nouveaux attentats.

N'en voyons-nous pas tous les jours s'échapper
des prisons les plus étroites, et reparaître plus
redoutables qu'auparavant? Qu'une émeute ou
une révolution subite vienne forcer les portes
de leurs cachots, et c'est ce qui est arrivé quelquefois, quelle terreur ne répandent-ils pas dans
tout le pays? A quel ravage ne l'exposent-ils pas?
Qui peut alors se croire en sûreté contre leurs
entreprises et leur audace? La justice ne parviendrait jamais à s'en saisir qu'avec une peine infinie,
et presque toujours à la suite de nouveaux for-
faits qu'ils auraient commis.

Les réléguera-t-on dans des contrées lointaines?
Mais quand on les conduirait jusqu'au fond de la
Sibérie, leur serait-il absolument impossible d'en
revenir pour souiller par de nouveaux crimes
leur sol natal? Et en supposant qu'ils ne pussent
en sortir, ne serait-ce pas porter la contagion
dans ces contrées, quelque sauvages qu'on les
suppose? Les peuples qui les habitent ne sont-ils
pas des hommes comme nous? Ne sont-ils pas
nos semblables? Que dirions-nous d'un peuple
qui, pour éloigner le mal de chez lui, jetterait
sur notre sol des hommes corrompus pour le

désoler? Le droit des gens s'oppose donc à une
pareille mesure.

Redoublera-t-on de précautions pour les tenir
plus à l'étroit et empêcher leur évasion. Mais ne
serait-il pas à craindre qu'une gêne trop forte ne
fût mille fois plus cruelle que l'autre peine qu'ils
auraient méritée? Les isolera-t-on de tout le monde
et même des autres criminels comme eux? Mais
il est prouvé par l'expérience que l'homme, qui
est fait pour vivre en société, ne peut vivre long-
temps seul, livré à lui-même, surtout dans les
horreurs d'un cachot. Ainsi, ils seraient condam-
nés à périr lentement de la mort la plus cruelle.

Mais cette peine, quelque dure qu'on la suppose, serait-elle un frein suffisant pour les criminels les plus déterminés? Étant une fois assurés
de vivre, ils seraient indifférens pour tout le reste.
Ils ne craindraient plus d'assouvir leur vengeance
ou de s'enrichir par le crime. L'espoir de recon-
quérir leur liberté ou d'adoucir leurs peines,
les rassurerait et les encouragerait à le commettre.

La peine capitale est seule capable de les effrayer et de les détourner du crime. Ils l'ont sans
cesse devant les yeux, saisis de terreur et d'effroi,
le poignard tombe de leurs mains.

Voyez le criminel le plus noirci de crimes,
au moment de sa sentence ; quand il entend

prononcer cette peine terrible! tout son corps s'affaisse, il est comme anéanti; sa figure est morne, son regard est éteint, il en est attéré; tandis qu'on a vu quelquefois des scélérats invétérés entendre, sans la plus légère émotion, l'arrêt qui les flétrit, et qui les retranche pour toujours de la société; on en a vu même, pour comble d'audace, menacer ironiquement, en se retirant, la justice et le public de reparaître bientôt, malgré toutes les mesures qu'on pourrait employer pour les retenir; et ne les a-t-on pas vus, quelquefois, effectuer leurs promesses, pour le malheur de la société?

Mais, si vous les renfermez, ou si vous les reléguez si loin, que deviendra l'exemple de la punition, si salutaire pour arrêter les crimes? il serait absolument perdu pour la société; personne ne les verrait; on ne songerait même pas à eux. L'on ignorerait donc absolument les tourmens qu'ils pourraient endurer, et par conséquent le but de la justice, qui est d'effrayer ceux qui voudraient marcher sur leurs traces, serait manqué. Il n'est pas de scélérat, quelqu'endurci qu'on le suppose, qui ne soit saisi et transi de frayeur, à la vue du dernier supplice que l'on fait subir aux criminels.

Mais n'est-il pas de la justice et de l'équité, prise dans la nature elle-même, qu'en toutes

choses il faut une juste proportion? or, où serait
l'équilibre, si l'on se bornait simplement à priver
de la liberté l'assassin, l'incendiaire, le parricide?
ceux-là même qui auraient été les victimes du
crime, et qui auraient survécu, n'auraient-ils pas
lieu de se plaindre amèrement de cette inégalité
immense entre la peine et le crime? ne tremble-
raient-ils pas pour de nouveaux attentats, si le
criminel venait à s'échapper?

Autrefois, chez le peuple le plus juste de la
terre, et qui a donné des lois à l'univers entier,
on infligeait la peine du talion, qui consistait à
faire endurer au condamné les mêmes tourmens
qu'il avait fait endurer à sa victime. Il avait sans
doute puisé cette peine dans le droit naturel, qui
ne permet pas de faire aux autres ce que nous ne
voudrions pas qu'on nous fît à nous-mêmes.

Avant notre régénération, la peine capitale
était infligée bien plus souvent, d'une manière
bien plus cruelle, et accompagnée même quelquefois de tortures, suivant la gravité du crime;
aujourd'hui c'est la simple privation de la vie, et
par conséquent la plus conforme à l'humanité et
à la justice, qui, loin de se venger, punit toujours
avec regret.

Mais il serait impossible de pouvoir espérer,
sans elle, la moindre sécurité, surtout sur notre
sol, où la population est si pressée, et les habi-

3

tations si rapprochées les unes des autres; où le contact et le frottement sont si continuels et si dangereux pour allumer les passions. Le père qui se coucherait paisiblement le soir au milieu de ses enfans pourrait-il se promettre de les revoir le lendemain? l'époux reposerait-il tranquillement à côté de son épouse? le maître se croirait-il en sûreté entouré de ses serviteurs? quel est celui qui oserait sortir de sa demeure pour entreprendre le moindre voyage? La crainte des brigands répandus partout sèmerait l'épouvante, et porterait le trouble dans la société.

Il n'est pas de peuple sur la terre qui n'ait senti la nécessité d'établir cette peine salutaire pour contenir les méchans. A peine, peut-être, pourrait-on trouver quelques nations lointaines, étrangères à nos mœurs et à nos habitudes, qui l'auraient rejetée; mais qui sait même si celle qu'ils ont mise à sa place n'est pas plus cruelle encore? qui sait si une philanthropie mal entendue ne les rend pas plus inhumains que les autres peuples qui l'ont adoptée comme la sauve-garde de leurs états?

Mais j'entends dire : ne pourroit-on pas la supprimer pour le crime de fausse monnaie, et pour celui d'incendie dans certains cas?

De tous les crimes celui de fausse monnaie est peut-être celui dont les conséquences sont plus funestes pour la société.

D'abord, c'est un crime de lèse-majesté, de lèse-nation; il n'y a que le souverain qui ait le droit de faire battre monnaie; or, le faux monnayeur, en s'arrogeant ce droit, attaque la souveraineté dans l'une de ses prérogatives les plus essentielles. Ainsi, d'empiétation en empiétation l'on parviendrait bientôt à la dépouiller de son pouvoir, et il n'existerait plus de gouvernement.

Quels ravages ce crime ne ferait-il pas dans l'état s'il n'était comprimé par la crainte du dernier supplice? Ne tarirait-il pas entièrement le crédit et la confiance qui animent et font aller le commerce? Qui oserait échanger ses denrées, ses marchandises ou le produit de son industrie contre une monnaie devenue douteuse par la facilité qu'on aurait de l'imiter? L'espoir de faire une fortune rapide et de se mettre en peu de temps dans l'opulence ne ferait-il pas braver au faux monnayeur toute autre peine? ne se promettrait-il pas d'adoucir son sort et de se procurer même la liberté avec le fruit de son crime s'il venait à être pris; ainsi il travaillerait, sourdement et sans crainte dans ses souterrains, à saper les fondemens de l'état et à ruiner la société.

Est-ce le moment d'être moins sévère pour ce crime lorsque tout le commerce souffre et que la confiance a besoin d'être ranimée? Il serait donc extrêmement dangereux de la supprimer sur-

3.

tout dans les circonstances où nous sommes placés.

Mais pour le crime d'incendie, dans quel cas pourrait-on la supprimer? Serait-ce pour celui où dans l'incendie des habitations l'on n'aurait à déplorer la mort de personne ; mais peut-on répondre que dans mille autres occasions ce malheur n'arrivera pas? n'est-il pas au contraire la suite presque inévitable de ce crime funeste? Il suffit donc qu'il attaque ou mette en danger la vie des hommes pour que la peine capitale établie pour le punir soit maintenue.

La supprimera-t-on, lorsque l'incendie ne frappe que sur les récoltes? mais les ravages qu'il peut causer sur les moissons et sur tous les autres produits de la terre ne peuvent-ils pas amener la disette et même la famine la plus affreuse? Peut-on imaginer un plus grand fléau? tout un pays serait dévoré par la faim, et périrait de la mort la plus cruelle. Comment pouvoir fixer des limites et calculer d'après le plus ou le moins de dommages? Peut-on assigner des limites au feu? La plus petite étincelle ne peut-elle pas causer le plus grand embrasement? N'est-ce pas presque toujours dans le voisinage des habitations que l'on allume les incendies? Quoi de plus rapide que la flamme? communiquée au moindre buisson, gagnant de proche en proche, et, poussée par le vent, elle pourrait embraser toute la terre.

N'en avons nous pas, sous les yeux, des exemples tout récens? Et ce serait au moment où des provinces entières fument encore de ses ravages que l'on voudrait supprimer la peine qui le punit!

Les lois criminelles ne sont pas des lois de circonstances; elles sont basées sur le progrès des mœurs. Elles sont le fruit des méditations profondes des hommes les plus sages et les plus éclairés. Il est presque toujours dangereux de les retoucher et de leur faire subir des modifications, surtout lorsque ces changemens sont prématurés. Les trouées que l'on fait, trop légèrement, à un édifice, lui font perdre sa solidité et occasionnent même quelquefois, sa ruine.

Sans doute les crimes ont des nuances, et quoique leur résultat soit également fâcheux, ils offrent pourtant quelquefois une différence immense dans le degré de perversité de ceux qui les ont commis. C'est à la justice à faire ce discernement. Le législateur doit se borner à poser des principes fixes et pour tout le monde. La justice est chargée à son tour d'en faire l'application à chaque cas particulier.

Les passions sont si fougueuses! elles poussent l'homme quelquefois avec tant de violence qu'il

lui est impossible de se rendre compte à lui-même
de ses égaremens.

Cet homme était de mœurs douces et paisibles;
jamais il n'avait offensé personne; son obligeance et
son dévouement pour tous ceux qui l'approchaient
lui avaient attiré la bienveillance et l'affection de
tout le monde. Ses voisins éprouvaient une douce
satisfaction de le savoir auprès deux; il était leur
conseil et leur ami; ils se plaisaient à le voir et à
l'entourer à chaque instant. Le moindre événe-
ment fâcheux qui lui serait arrivé les aurait vi-
vement contristés. Il coulait des jours délicieux au
sein d'une famille qui le chérissait. Une épouse
vertueuse qui l'aimait, et dont les goûts étaient
en harmonie avec les siens, faisait le charme de
sa vie. Tout à coup un malheur affreux vient
troubler son repos et le plonger dans la dou-
leur la plus profonde. Son fils unique, sur le-
quel il fondait toutes ses espérances, périt par la
main d'un lâche assassin. O comble d'infortune!
son cœur saignait encore lorsqu'il aperçoit l'auteur du crime qui le plonge dans une tristesse si
amère. A sa vue, son ame s'agite; elle se soulève
d'horreur, et, par un mouvement qu'il ne peut
maîtriser, il s'élance sur l'assassin, qui succombe.
Il s'éloigne précipitamment; mais bientôt la justice
l'atteint et le saisit.

Ce jeune homme aimait éperdûment cette jeune

personne, et il se promettait bien d'être heureux avec elle. Il passait auprès d'elle les momens les plus délicieux; il n'aurait jamais voulu la quitter. Son imagination enchantée la lui montrait partout sous les traits les plus séduisans. Il aimait à être seul pour y songer plus à son aise. Le moindre bruit qui venait le distraire l'importunait. C'est dans un de ces momens d'une mélancolie si douce qu'il aperçoit tout à coup qu'il est trompé ; un autre est plus heureux que lui. Une sorte de frénésie s'empare de tous ses sens. Il se précipite sur celle qui devait faire son bonheur, et lui arrache la vie. On l'arrête au moment où il va se frapper lui-même d'un second coup.

Sans doute ils sont coupables; mais le sont-ils au même degré que l'assassin qui, pour gagner le salaire qu'on lui a promis, va se poster la nuit au tournant d'une rue, ou s'embusquer à l'entrée d'une forêt, et enfonce sans pitié son poignard dans le sein de celui qui ne lui avait jamais fait aucun mal? Le sont-ils au même degré que les brigands armés qui s'introduisent de force, la nuit, dans les maisons isolées, et qui exercent sur ceux qui les habitent des cruautés qui font frémir, pour les forcer à leur indiquer le lieu où se trouve ce qu'ils ont de plus précieux? Et n'arrive-t-il pas même souvent que, mécontens de leur découverte, ils finissent par achever ceux qu'ils ont tant fait souffrir?

La justice ne manquera jamais de faire entre eux une sage et prudente distinction. Éclairée par les principes et par la connaissance des faits, elle les punira toujours suivant la gravité du crime qu'ils auront commis.

L'instruction aujourd'hui doit rassurer tout le monde; elle ne laisse rien à désirer pour écarter toutes les erreurs et mettre à l'abri de toute idée d'impartialité.

En la prenant depuis son origine jusqu'à la sentence qui la termine, l'on est enchanté du soin qu'a pris le législateur pour découvrir la vérité.

D'abord une instruction écrite, faite dans le silence, et avec l'attention la plus scrupuleuse, comme pour soulager la mémoire, passe par deux degrés de juridiction avant d'arriver à l'audience publique.

Puis viennent les débats, qui ont lieu devant tout le monde. Tous les témoins sont entendus l'un après l'autre avec la plus grande attention. Le ministère public développe avec franchise l'accusation; le défenseur, plein de zèle et de désintéressement, offre, sans blesser sa conscience, la cause de son client sous l'aspect le plus favorable. Le président résume clairement et avec impartialité tous les débats; enfin les jurés, au nombre de douze, bien pénétrés de tout ce qui vient de se passer devant eux, se retirent à la chambre du conseil qui leur

est destinée pour discuter entre eux sur leurs opi-
nions respectives, et reviennent ensuite à l'audience pour la manifester publiquement.

Peut-on désirer quelque chose de plus rassu-
rant pour la sûreté des citoyens?

L'institution du jury est, sans contredit, l'une
des plus belles et des plus salutaires qu'on ait
imaginées depuis notre régénération. Composé
d'hommes éclairés, le jury est une des plus fortes
garanties de la société. Son organisation doit nous
mettre à l'abri de toute crainte d'erreur. Il pro-
noncera toujours d'après sa conscience, et n'ap-
pliquera jamais la peine capitale que dans le
cas où le crime paraîtra, à ses yeux, dans la plus
grande évidence, et lorsque sa gravité attirera sur
le coupable cette peine terrible.

Cette peine est redoutable, il est vrai; elle a
même quelque chose de hideux qui fait frémir;
mais elle est un frein si salutaire et si indispensable pour arrêter les grands crimes, qu'il serait
dangereux de la supprimer.

Elle doit se supprimer d'elle-même, et nos annales criminelles nous l'apprendront; elles sont
le tarif des mœurs; mais le moment n'est point
encore arrivé. Qu'on les consulte, ces annales, et
qu'on nous dise si le nombre et l'énormité des
crimes sont diminués. Mais si cette peine, dont
la nécessité a été reconnue par nos devanciers, et

qui l'est encore aujourd'hui par toutes les nations du monde, est insuffisante quelquefois pour arrêter les grands crimes, que serait-ce si l'on venait à la supprimer pour tous les cas sans distinction? Qui pourrait se croire en sûreté? Qui oserait sortir de sa maison, et faire un pas sans trembler pour son existence?

Sans doute nous devons faire des vœux pour la voir disparaître, et employer tous les moyens qui sont en notre pouvoir pour hâter ce moment heureux. Mais qu'elles sont ces moyens? C'est ce que nous allons voir dans un instant.

———

VI.

Moyens de prévenir les crimes.

Que l'homme serait heureux, si n'écoutant que les mouvemens de sa conscience, il se conduisait toujours suivant les règles de la saine raison! Tous les maux qui affligent l'espèce humaine prennent leur source dans l'affection exclusive que l'homme a pour soi-même. Il s'arrange dans le monde comme s'il devait y vivre seul, et que tout ce qui l'entoure fût destiné à flatter ses goûts et à concourir à son bien-être. Voilà ce qui l'isole de ses semblables, et ce qui affaiblit, par conséquent, les ressorts du corps social tout entier. C'est cet amour excessif de lui-même, c'est ce penchant à contenter ses désirs immodérés, qui l'entraîne quelquefois malgré lui, et le porte à commettre tant d'excès.

Mais comment pouvoir l'arrêter dans une pente aussi rapide?

Pour éviter les grands remèdes, il faut prendre le mal dans sa racine, et purifier la masse du sang par un bon régime.

Le moyen le plus efficace d'éviter les crimes, c'est d'apprendre à l'homme à les avoir en horreur par l'épuration des mœurs.

Mais comment parvenir à les rendre meilleures?

L'éducation donne à l'homme une nouvelle existence; elle le recompose, pour ainsi dire; les premiers principes qu'il reçoit influent sur tout le reste de sa vie. Il est donc très essentiel de propager et de répandre partout l'instruction et l'enseignement.

L'on enverra donc de tous les côtés des hommes dont la moralité sera connue pour apprendre de bonne heure à la jeunesse les devoirs qu'elle doit remplir, pour lui apprendre à respecter et à chérir ses parens, à venir généreusement au secours de ses semblables dans le danger, et à tout sacrifier pour voler à celui de la patrie qui l'appellerait.

On aura soin également de lui apprendre à respecter les propriétés , et à avoir en horreur le libertinage : alors on verra s'accroître les mariages et les familles, qui sont la pépinière de l'état ; les affections deviendront plus fortes ; les liens qui unissent les hommes dans les relations habituelles de la vie , se resserreront d'avantage ; le célibat , si dangereux pour les mœurs , diminuera chaque jour , et sera regardé comme quelque chose de honteux.

La religion serait le plus ferme appui des états , si elle ne sortait jamais de ses limites. Que sa morale est pure ! que l'homme serait heureux s'il pouvait , sans dévier jamais , suivre toujours la route qu'elle lui trace ! La raison , écartant de son chemin les vices et les passions , qui les engendrent , le conduirait au sein du repos le plus paisible et plus délicieux. Il atteindrait cette perfection , regardée comme idéale ; il serait véritablement vertueux. Alors tous les crimes disparaîtraient de la terre , et avec eux les peines inventées pour les punir.

La religion est implantée de toute ancienneté dans le cœur de l'homme. Elle est innée en lui ; elle tient à son existence et à sa conservation. En portant ses premiers regards sur les merveilles qui l'environnent , il a senti qu'une main plus puissante que la sienne y avait travaillé , et qu'elles

ne pouvaient être l'ouvrage du hasard aveugle, qui
est incapable de produire de lui-même un ensemble aussi étonnant.

La raison seule, sans la religion, serait impuissante pour arrêter les progrès du vice, qui gagne-
raient insensiblement, et finiraient bientôt par cor-
rompre la masse et entraîner la ruine totale de
l'état, en apparence, le plus florissant.

Il n'est pas de nation au monde qui n'ait adopté
une religion analogue à ses mœurs, et dont la
morale, en harmonie avec les institutions sociales,
ne devienne la base la plus solide de l'état.

Sans doute, toutes les croyances doivent être
libres, et la plus cruelle de toutes les tyrannies
serait celle que l'on exercerait sur les consciences;
ainsi, toutes les religions, dont la morale est
pure, et qui ne sont point en opposition avec les
institutions sociales, doivent être tolérées; mais
il n'est pas de peuple sur la terre qui ne soit attaché à une secte particulière, qui est celle du
plus grand nombre, et qui, par le fait, devient la
religion dominante de l'état. C'est celle que le
gouvernement adopte et reçoit comme la sienne
en l'honorant plus particulièrement de sa présence dans les cérémonies publiques. Autrement,
si pendant que dans une ville l'autorité honore
spécialement par sa présence, une secte particulière, une secte différente obtenait la même faveur

dans une autre ville gouvernée par les mêmes lois et soumise au même gouvernement, il en résulterait, tôt ou tard, une sorte de division et de schisme qui tendrait à désunir l'état qui ne se soutient que par l'union intime de toutes les parties qui le composent.

L'amour du travail est le plus grand préservatif du vice. L'homme laborieux est toujours fidèle à remplir tous ses devoirs; il est ami de l'ordre; il voit avec indignation ceux qui cherchent à le troubler, et qui n'ayant pas le courage de l'imiter, ne vivent qu'au milieu des troubles et des tumultes. Il importe donc de nourrir et d'entretenir ce goût si salutaire, et d'en faciliter l'exercice en ouvrant partout des ateliers, et en faisant exécuter des travaux pour l'utilité et la commodité de tous les citoyens: ainsi l'entretien des routes, le dessèchement des marais, l'établissement des canaux, des ponts sur les rivières, et une infinité d'autres travaux pour faciliter les communications et la circulation du commerce, peuvent occuper une foule immense d'ouvriers, qui, en y trouvant leur subsistance et un juste salaire, rendront les plus grands services à l'état.

Il importe également de sévir contre ces hommes sans profession, ennemis déclarés du travail, qui errent sans cesse de ville en ville, sans se fixer dans aucun pays, qui n'ont, pour

ainsi dire, ni feu ni lieu, et que la misère ou
le besoin pousse quelquefois à commettre des
crimes.

Celui qui aime le travail trouve partout à s'occuper; il voyage peu et ne quitte qu'avec peine
le pays qui l'a vu naître, où il est retenu par ses
habitudes, ses affections et la constance à remplir tous ses devoirs. L'on doit donc se méfier, et
surveiller d'une manière particulière, ceux qui
s'expatrient sans ressources et sans dessein d'utiliser leur temps.

Un vice qui se fait sentir chez toutes les nations
qui sont arrivées au plus haut degré de civilisation,
c'est la centralisation des arts, et par conséquent
de la population. Il en résulte que tout vient
s'engloutir dans la capitale, tandis que les provinces épuisées éprouvent un malaise sensible.
Quand la tête prend trop d'accroissement et qu'elle
devient monstrueuse, elle exténue le reste du
corps et finit même quelquefois par le dévorer.
La véritable force ne peut donc se trouver que
dans un juste équilibre et dans la proportion la
plus exacte possible.

Mais comment ramener du centre aux extré-
mités, et faire en sorte que le cœur ne soit point
oppressé et rende autant qu'il reçoit? rien n'est
plus facile. Notre pays est, sans contredit, le plus
beau et le plus fertile du monde; il produit, aux

différens aspects, tout ce qui peut rendre la vie commode et agréable; mais est-on parvenu à en tirer tout le parti possible? combien de terrains fangeux à assainir, et qui deviendraient les plus fertiles à cause du limon végétal dont ils se composent? combien de relais abandonnés par la mer qui se retire, et qu'on pourrait conserver au moyen de digues et de tranchées, et qui fourniraient à la subsistance de tout un pays? combien de terrains en friche qu'on pourrait utiliser par l'agriculture, sans nuire au pâturage des bestiaux et à l'aménagement des forêts? la terre renferme dans son sein les trésors les plus précieux, mais il faut se donner la peine de la fouiller pour les découvrir.

Il faut donc encourager l'agriculture, qui est la mère nourricière de l'état, et sans laquelle tout le reste languirait; et pour cela, il importe d'accorder des primes à ceux qui font dans cette partie si utile des découvertes précieuses, qui servent à l'améliorer et à la perfectionner. Qu'on établisse donc dans toutes les provinces des fermes modèles pour tirer le meilleur parti possible du produit de chaque contrée : alors chacun étant à portée d'apprécier les avantages des nouvelles découvertes qu'on aura faites, s'empressera d'en faire usage et de se les approprier. L'agriculture, qui est la principale et même la véritable source de toutes les richesses de l'état, est peut-être une des parties les plus négligées et les plus en arrière de la civilisation. Il importe donc de la raviver et de la mettre au niveau de tout le reste, afin que le tout marche ensemble, et soit dans l'harmonie la plus parfaite; alors le cultivateur laborieux, qui verra fructifier son travail, y prendra plus de goût, sera plus attaché au sol qu'il habite, à proportion qu'il lui procurera plus de ressources et plus d'agrément, et songera moins par conséquent à s'expatrier de son pays.

Un autre moyen non moins efficace pour éviter l'inconvénient de la centralisation, serait l'établissement d'ateliers et d'usines sur tous les points les plus commodes et où l'on trouverait le plus de ressources locales pour les faire marcher. L'on en placerait donc dans les contrées où les sites et les eaux en rendraient l'établissement plus commode et plus utile par rapport aux productions premières du pays où on les placerait.

Le gouvernement, qui est dans la nécessité de faire tant de fournitures soit pour nos armées, soit pour toutes les administrations en général, n'est-il pas libre de faire fabriquer où bon lui semble? et, plutôt que d'encombrer la capitale, ne serait-il pas plus convenable de disséminer les travaux dans les provinces? Alors on verrait s'élever des établissemens rivaux, et tous feraient

4

la richesse des contrées où ils se trouveraient,
soit par la consommation des produits du sol, soit
par l'activité qu'ils imprimeraient au commerce et
aux industries de toute espèce. L'ouvrier lui-
même y trouverait plus d'agrémens. Au bord des
eaux limpides ou sur des sites variées, il respire-
rait un air pur, se nourrirait d'alimens sains, et
trouverait partout la joie et la franchise chez les
bons habitans des environs.

Mais une chose plus essentielle encore pour
arrêter les excès et le désordre, c'est de pourvoir
à la subsistance des peuples. Celui qui a faim ne
raisonne pas et se porte quelquefois à tous les
excès pour satisfaire un besoin si pressant.

Sans doute notre sol est fertile, et il ne man-
que pas de bras pour le cultiver; mais les intempéries de notre climat, si variable, ne peuvent-
elles pas amener des années de disette? et si les
produits de la terre manquaient seulement pendant une année, que deviendrait-on avec une
population aussi nombreuse? Nos voisins, il
est vrai, pourraient nous en fournir; mais il fau-
drait les attendre peut-être long-temps, ou aller
les chercher et les payer fort cher; et qui peut
nous répondre que des ennemis perfides ne pro-
fiteraient pas de ce moment de gêne et de détresse
pour faire renchérir les approvisionnemens et
fomenter des troubles? Mais le gouvernement,

agissant comme un bon père de famille, n'a-t-il pas
des moyens pour éviter ou plutôt pour prévenir ce
malheur? ne peut-il pas établir dans les provinces,
comme on le fait à Paris, des greniers d'abon-
dance à ses frais, qu'on renouvellerait tous les ans,
et qui assureraient à la partie la plus indigente
de l'état des secours pour passer au moins la
mauvaise saison et gagner celle de la récolte?
Cette mesure est une des plus importantes; l'on
ne saurait trop s'approvisionner; c'est la chose du
monde la plus essentielle. S'il était possible que la
tranquillité publique fût troublée, elle ne pourrait
l'être que par la disette; il importe donc de prendre
toutes les mesures nécessaires pour l'éviter, et
l'on évitera par là de punir une infinité de désordres qu'elle entraîne après elle.

La justice déposera bientôt son glaive, si à des
mesures aussi utiles, qui déjà s'exécutent chaque
jour, vient se joindre une administration sage, éclairée, composée d'hommes qu'on forcera, comme
autrefois, de quitter leur charrue pour se mettre
au timon des affaires. Et ce qu'on nous raconte
des temps fabuleux, que les peuples suppliaient
les hommes les plus sages et les plus capables
d'entre eux de se mettre à leur tête et de les gou-
verner, n'est-il pas arrivé de nos jours parmi
nous? Que nous sommes heureux qu'un prince
qui nous aime et que nous chérissons, ait bien

voulu se placer au gouvernail au moment où la
mer était si agitée, et où le vaisseau de l'état était
menacé d'une tempête si furieuse! Mais heureuse-
ment il est rentré dans le port; le ciel s'est éclairci :
il est tout couvert d'azur. Allégés de l'oppression
qui nous accablait, jouissons d'un calme si délicieux : que la prudence et la modération appren-
nent à chacun à se tenir dans le rang que la nature et sa position sociale lui assignent; alors on
verra régner partout l'union et la concorde, et
avec elle disparaîtront, ces idées si tristes de crimes
et de peines, si affligeantes pour une nation aussi
généreuse, plus disposée à distribuer des récom-
penses qu'à infliger des châtimens.

Paris, 8 octobre 1830.

FIN.

www.ingramcontent.com/pod-product-compliance
Lightning Source LLC
Chambersburg PA
CBHW071340200326
41520CB00013B/3048